子どもだけでつくれる
焼かないお菓子

とかす、混ぜる、冷やしてかためる・凍らせる、
しあわせレシピ

原 亜樹子

東京書籍

目次

● つくりはじめる前に
この本でよく使う道具……4
材料のはかり方……6
この本でよく使う材料……7
身だしなみ……8
お菓子づくりの流れをかくにん……8

● つくりおわったら
食べる前に……9
食べたあとに……10
ゴミの捨て方……11

1章 冷やしてかためる、ゼリーとかんてん

フルーツぎっしりゼリー……14
手づくりできる！ グミ……16
宝石みたいな こはくとう……18

2章 とかしたチョコレートで変身！

ぼうしにそっくり！
　チョコレート・マシュマロハット……24
グラノーラとマシュマロの
　チョコレートバー……26
パーティにぴったり！
　ココアクッキーポップ……28

3章 主役はフルーツ

電子レンジでつくるブルーベリージャム……34
フルーツたっぷりヨーグルトパフェ……36
つまらないデザート!? トライフル……38
ココアクッキーとブルーベリーのチーズケーキ……42
お店みたいなフルーツサンドイッチ……44

4章 かんたんアイスクリーム

混ぜて凍らせる！ あずきアイス……48
コンデンスミルクのフルーツアイス……50
アイスクリームクッキーケーキ……52

5章 のみもの実験室

とろーりさわやかレモンラッシー……58
　バリエーション・1／マンゴーレモンラッシー
　バリエーション・2／ブルーベリーレモンラッシー
きれいな層ができるセパレートドリンク……60
丸ごとスイカのレモネードパンチ……62

6章 おとなの人とつくろう！
とろとろプリンとカスタードクリーム

火を使うときは……68
かたくり粉でとろとろミルクプリン……70
まるで植木ばち!?
　チョコレートプリン……72
夢のカスタードクリーム……74
　カスタード・バナナドッグ……76
　カスタードサンド……76
　カスタードピザ……77
　できたてアツアツ カスタードあんこ……77

● 豆ちしき いろいろ

ゼラチンとかんてんの話……20
チョコレートの話……30
よく見る「あのデザート」の話……40
アイスクリームの話……54
のみものの話……64
でんぷんの話……78

【この本のきまり】
・計量カップは、1カップ＝200ml。計量スプーンは、大さじ1＝15ml、小さじ1＝5mlです。
・電子レンジは、種類によってちがいがあります。加熱する時間は、様子をみながら、調整しましょう。
　かならず電子レンジ対応の容器を使います。金属製は使えません。やけどには十分注意しましょう。
・刃物を使うときは、おとなの人に手伝ってもらいます。
・お菓子づくりは、おとなの人がいるところでおこないます。けが、やけどには十分注意しましょう。
・つくったお菓子は、おいしいうちに食べきります。
　特別なお菓子をのぞき、できるだけつくったその日に食べましょう。

つくりはじめる前に

・この本でよく使う道具・

ボウル（ステンレス製）

おもに材料を混ぜるときや、湯せんにかけるときに使う。大、中、小の3サイズがあると便利。電子レンジでは使えない。

耐熱ボウル（ガラス製）

おもに電子レンジで加熱するときに使う。大、中、小の3サイズがあると便利。電子レンジでは、ステンレスなど金属製のものは加熱できないよ。

おたま

液体をそそぐときに使う。ゼリー液やプリン液をすくい入れたりしているよ。ステンレス製でオッケー。

木べら

材料を混ぜるときに使う。火にかけた鍋で使うこともあるから、柄の長いものを使う。

シリコンベラ

材料を混ぜるときに使う。火にかけた鍋で使うこともあるから、柄の長い耐熱素材のものを使う。

泡立て器

生クリームを泡立てるときや、カスタードクリームをつくるときに使う。

バット

材料をのせるとき、カスタードクリームを冷ますときなどに使う。

あみ

お菓子を冷ましたり、乾かしたりするときに使う。

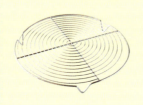

温度計

温度をはかるときに使う。

茶こし

かん汁など少量の液体をこすのに使う。ココアパウダーや粉ざとうをふるときにも便利。

包丁

材料を切るときに使う。包丁をいったんおくときは、安定した平らな場所に、刃を奥に向けて横向きにする。

食卓ナイフ

食事をするときに使うほか、やわらかいフルーツやカステラを切るときにも使う。

鍋つかみ

あつい道具をつかむときに使う。やけどしないように、電子レンジからボウルをとり出すときなどに使う。

まな板

材料を切るときに使う。

フルーツデコレーター

スイカをカットしたり、実をくりぬいたりするのに使う。ないときは、包丁やスプーンをかわりに使う。

ふきん
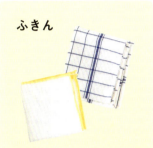
道具やうつわ、テーブルをふくときに使う。

グミの型

シリコン製のグミの型。100円ショップなどで買うことができる。

とうふパック (7×7cm)

この本では、小さめのとうふの空きパック3こをきれいにあらい、こはくとうの型に使う。

弁当箱、または角型 (11×14cm)

この本では、チョコレートバーの型として使う。大きさはまったく同じでなくてもいい。

スティック

お菓子をさす棒。なくてもつくれるが、あるとかわいく仕上がる。

パウンド型 (19×10.8×高さ3.5cm)
パウンドケーキの型。この本では、アイスクリームクッキーケーキをつくるのに使う。100円ショップなどでアルミ製のものを買うことができる。

アイスバーの容器と棒

アイスバーの容器。棒も用意しよう。ないときは、製氷皿をかわりに使う。

製氷皿
氷をつくる皿だけど、この本では、フルーツアイスをつくるのに使う。シリコン製が使いやすい。

フードパック (Sサイズ)

この本では、チーズケーキの型として使う。100円ショップなどで買うことができる。ないときは、小さなコップやココット型をかわりに使う。

• 材料のはかり方 •

材料は正確にはかろう。

はかり

重さをはかるときに使う。1g単位ではかれるデジタルスケールがおすすめ。

はかり方
平らなところに置き、めもりがゼロになっていることをかくにんしてからはかる。

計量カップ

おもに液体の容量をはかるときに使う。

はかり方
平らなところに置き、目と目盛りの高さを同じくらいにしてかくにんする。200ml以上はかれるものが便利。

計量スプーン

大さじ、小さじがあると便利。

はかり方
さとうなどの粉は、計量スプーンにたっぷりとり、食卓ナイフなどですりきってはかる。液体は、計量スプーンいっぱいにしてはかる。

この本でよく使う材料

ゼラチン

動物のホネや皮に多く含まれるたんぱく質が原料。冷やしかためるお菓子などに使う。板ゼラチン、粉ゼラチンがあるが、この本では、あつかいがかんたんな粉ゼラチンを使う。

かんてん

テングサなどの海そうが原料。冷やしかためるお菓子などに使う。粉かんてん、糸かんてん、棒かんてんがあるが、この本では、あつかいがかんたんな粉かんてんを使う。

さとう

この本では、グラニューとうとよばれる、粒が細かく、とうめいなさとうを使う。

ココアパウダー

この本では、さとうの入っていないココアパウダーを使う。

卵

この本では、材料にでてくる卵のサイズ（L、M、S）がすべて書いてある。

牛乳

この本では、「成分無調整」と書いてある牛乳を使う。

生クリーム

パッケージに書かれている％は、ふくまれている乳脂肪分のわりあいのこと。この本では、乳脂肪分35〜45％の生クリームを使う。

身だしなみ

1 エプロンをつける。

2 ひらひらした服は、道具に引っかかったり火がついたりして、あぶないのでさけよう。

3 かみの毛が落ちないように、三角きんをつける。かみの毛が長い人は、ゴムでまとめよう。

4 そでをまくっておこう。

5 ポケットにハンカチを入れる。

6 ツメは短く切る。

7 手はしっかりあらう。ツメの間もあらう。

8 手に傷があるときは、なおってからつくろう。

お菓子づくりの流れをかくにん

何をつくるか決めたら、材料と道具がそろっているか、かくにん。

つくる前に、レシピをしっかり読んで、流れを頭に入れておこう。

道具をならべておこう。

レシピに書いてある「はじめにやること」をしよう。

さあ、お菓子づくりをはじめましょう！

つくりおわったら

食べる前に

道具をあらう、ふく、しまう

道具をかたづけよう

- 調理を進めながら、道具をあらっておこう。

あらう

ポイント1
材料を冷やしたりする間にあらう。

ポイント2
あらうのは、よごれの少ないものから。

ポイント3
ボウルなどにクリームが残らないよう、シリコンベラでしっかりとっておくと、水がよごれない、あらいやすい。そして、食べる量もふえるので、いいことずくめだよ。

ポイント4
生クリームなどの油分がついているものは、不用な布や紙でふきとってからあらう。

ふく
- しっかり水をきった道具を、せいけつな乾いたふきんでふく。

しまう
- ふいた道具を元の場所にもどす。

安全かくにん

- 包丁は使いおわったらすぐにあらって、安全な場所にかたづける。

- 刃先は手で絶対にふれないようにする。

おかたづけまでがお菓子づくりです！

調理台やコンロのまわりをふく

- ふきんはせいけつな乾いたふきんだけでなく、ぬれぶきんも用意する。

- ぬれぶきんは、調理台やコンロのまわりなどをふくのに使う。

食べたあとに

うつわをあらう、ふく、しまう

🍽 食べたら、うつわをかたづけよう

- 食べおわったら、すぐにあらう。

あらう

ポイント1
よごれの少ないうつわからあらう。

ポイント2
クリームなどが残っているものは、不用な布や紙でふきとってからあらう。

ふく
- しっかり水をきったうつわを、せいけつな乾いたふきんでふく。

しまう
- ふいたうつわを元の場所にもどす。

保存する

- 口をつけたものは、いたみやすいので、うつわによそうときは、食べきれる量だけにしよう。

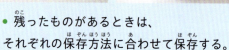

- 残ったものがあるときは、それぞれの保存方法に合わせて保存する。

テーブルをふく

- ぬれぶきんでテーブルをふく。

床をふく

- こぼした食べものがある場合は、ひろってふく。ふきんではなく、ぞうきんを使おう。

ふきんをあらって、ほす

- 使いおわったふきんは、きれいにあらい、しぼってほす。

> リサイクルマークは容器についているよ。

ゴミの捨て方

- **生ゴミ**
ゴミネットや新聞紙でつくった生ゴミ入れに入れて、しっかり水をきってから捨てる。

- **ビン**
きれいにあらって、リサイクルしよう。ふたがはずせるものははずし、ラベルがはがせるものははがしておく。

- **プラスチック**
プラスチックのリサイクルマークのあるものは、リサイクルできる。きれいにあらってリサイクルしよう。

- **紙**
紙のリサイクルマークのあるものは、リサイクルできる。

- **ペットボトル**
ペットボトルのマークのあるものは、リサイクルできる。きれいにあらってリサイクルしよう。

- **空きかん**
きれいにあらって、リサイクルしよう。スチールかん、アルミかんの表示をかくにんしよう。

1章 冷やしてかためる、ゼリーとかんてん

みんなが大好きなグミやゼリー。
どうやってかためているのかなぁ……？
グミやゼリーは、
牛やブタの皮やホネからつくられる
ゼラチンの力で、**プルプル**になるんだ。
こはくとうやあんみつに入っている
サイコロ型のかんてんは、
海そうからつくられる
かんてんの力で、**サクサクつるり**になる。
すごくおもしろい！
それにすごくおいしいから、ためしてみてね。

フルーツぎっしりゼリー

フルーツゼリーに、
かき氷シロップの
ゼリーをのせるよ！
フルーツも、かき氷シロップも、
好きなものを使ってみよう。
かんづめのフルーツがあれば、
一年中、いつでもたのしめるね。

グラスは直径5cmほどのものがおすすめ。直径が大きなものを使うと、かき氷シロップのゼリーの層がうすくなっちゃう。

● 材料（160ml容量のグラス2こ分）

【フルーツ】
フルーツミックスかんのフルーツ…120g
イチゴ、ラズベリー、ブルーベリー、
　サクランボのうち1種類〜全種類…計80g
フルーツミックスかんのかん汁…90g
水…100ml
グラニューとう…15g
粉ゼラチン…5g
粉ゼラチン用の水…大さじ2
かき氷シロップ（ブルーハワイ）…小さじ1
▶ かき氷シロップは、好きな味でつくれるよ。

フルーツには、時季があるよ！
初夏には、ビワ。夏は、サクランボ。
夏から秋にかけては、ブドウなど。
季節ごとに、いろいろあるんだよ。

● 道具
はかり、計量カップ、計量スプーン、まな板、食卓ナイフ、耐熱ボウル（大、小）、電子レンジ、鍋つかみ、シリコンベラ（大）、茶こし、ボウル（大、中、小）、おたま、フォーク、スプーン、ふきん
▶ 耐熱ボウルは、かならず電子レンジ対応のものを使うこと。金属製は、電子レンジでは使えないよ。

● はじめにやること

・フルーツミックスかんは、フルーツとかん汁にわける。

・大きなフルーツは、まな板にのせて、食卓ナイフでひと口大に切る。

・材料をはかる。
・冷凍庫に氷を用意する。

● つくり方　ゼリー液をつくる

1
耐熱ボウル（小）に粉ゼラチン用の水を入れて、粉ゼラチンをふり入れる。5分ほどおく。

鍋つかみをつけて、とり出す。やけどに注意！

2
ラップをしないで、600Wの電子レンジで20秒ほど加熱して、ゼラチンをとかす。

3
耐熱ボウル（大）に水の1/2量とグラニューとうを入れて、シリコンベラで混ぜ合わせる。

鍋つかみをつけて、とり出す。やけどに注意！

4
ラップをしないで、600Wで40秒ほど加熱して、混ぜる。❷のゼラチンを入れて、混ぜる。

5
茶こしを通しながらかん汁を入れて、残りの水も入れる。

かき氷シロップのゼリー液をつくり、冷やしかためる

6
ボウル（小）に、❺から大さじ4をとって入れる。かき氷シロップを入れて、スプーンでよく混ぜる。冷蔵庫で冷やしかためる。

ゼリー液をつくる（つづき）

7
残りの❺を、ボウル（中）に移す。ボウル（大）に氷水を1/3の高さまで入れ、ボウル（中）をのせて、混ぜながら冷やす。

冷やしかためる

8
とろみがついたら、グラスの1/2の高さまでおたまですくい入れて、フルーツ、残りのゼリー液を順に入れる。

9
冷蔵庫で1時間以上冷やしかためる。❻を冷蔵庫からとり出し、フォークでくずしたら、スプーンですくってのせる。

手でとり出したグミは、いたみやすいから、かならずその日のうちに食べよう。

イチゴ
ミカン
ブドウ

手づくりできる！グミ

いろいろな味のカルピスで、グミをつくろう！
グミは、ドイツ語の「ゴム」という
言葉から、つけられた名前だよ。
ゴムのように、のびたり縮んだりするかな？

グミとゼリーって、同じもの？
どちらも「ゼラチン」を使う仲間。グミは、ゼリーよりもゼラチンの量をふやして、しっかりかためているよ。
→くわしくは20〜21ページを見てね。

16

●材料（つくりやすい分量）

【カルピス】
（イチゴ、ミカン、ブドウ／うすめてのむタイプ）
　…60g
粉ゼラチン…10g
水あめ…10g
レモン果汁…小さじ1

▶カルピスは、好きな味でつくれるよ。
▶しっかりかためるためには、より正しく材料をはかることが大事。だからカルピスは、容量（ml）ではなく、重さ（g）ではかってね。

●道具

はかり、計量スプーン、耐熱ボウル（中）、電子レンジ、鍋つかみ、シリコンベラ（大）、シリコン製のグミの型、スプーン、ふきん

▶耐熱ボウルは、かならず電子レンジ対応のものを使うこと。金属製は、電子レンジでは使えないよ。

●はじめにやること
・材料をはかる。

●つくり方　グミ液をつくる

1 耐熱ボウルにカルピスを入れて、粉ゼラチンをふり入れる。5分ほどおく。

2 ラップをしないで、600Wの電子レンジで30秒ほど加熱して、シリコンベラで混ぜる。

※鍋つかみをつけて、とり出す。やけどに注意！

3 ゼラチンのつぶが残っていたら、また600Wで10秒ほど加熱して、つぶをしっかりとかす。

※鍋つかみをつけて、とり出す。やけどに注意！

冷やしかためる

4 水あめとレモン果汁を入れて、10回ほど混ぜる。

5 型にスプーンで流し入れる。

6 冷蔵庫で30分から1時間冷やしかためる。型からとり出す。

宝石みたいな こはくとう

キラキラかがやくお菓子だよ。
できたてはプルプル。
乾かすと、まわりの水分が蒸発して、
さとうがシャリッとする。
どちらもおいしいよ。

- レモン
- イチゴ
- ブルーハワイ

乾かしたもの

できたてのもの

冬は、風通しのよい場所なら、3日ほどで乾くよ。でも夏は、湿気が多いから、1週間から10日はかかる。乾かすときは、ほこりよけをかぶせるなど、衛生面に気をつけよう。

● 材料（7×7cmのとうふパック3こ分）
粉かんてん…3g（小さじ1 + 1/2）
水…120ml
グラニューとう…180g
【かき氷シロップ3種類】
（イチゴ、レモン、ブルーハワイ）…各小さじ1
▶かき氷シロップは、好きな味でつくれるよ。

● 道具
はかり、計量カップ、計量スプーン、耐熱ボウル（中）、電子レンジ、鍋つかみ、シリコンベラ（大）、とうふパック（7×7cm）3つ、おたま、スプーン、あみ、ふきん
▶耐熱ボウルは、かならず電子レンジ対応のものを使うこと。金属製は、電子レンジでは使えないよ。

● はじめにやること
・材料をはかる。
・とうふパックはきれいにあらう。

豆ちしき

こはくとうって、何だろう？
「こはく」という化石でできた宝石によくにているから、そうよばれるんだ。さとうをとかした「かんてん」をかためたお菓子だよ。
→くわしくは20〜21ページを見てね。

● つくり方 こはくとう液をつくる

1 耐熱ボウルに水を入れて、粉かんてんをふり入れる。

鍋つかみをつけて、とり出す。やけどに注意！

2 ラップをしないで、600Wの電子レンジで2分ほど加熱して、シリコンベラで混ぜる。

鍋つかみをつけて、とり出す。やけどに注意！

3 また600Wで30秒ほど、1〜2回加熱する。フツフツと小さな泡が見えたらOK。

鍋つかみをつけて、とり出す。やけどに注意！

4 グラニューとうを入れて、混ぜ合わせる。また600Wで2分ほど加熱して、混ぜる。

鍋つかみをつけて、とり出す。やけどに注意！

5 また600Wで30秒ほど、1〜2回加熱する。泡立っていたらOK。

6 ときどき混ぜながら、30分ほどおいて、あら熱をとる。

冷やしかためる

7 3等分にして、水でぬらしたとうふパックに、おたまですくい入れる。

8 それぞれにかき氷シロップを1種類ずつ入れて、スプーンでよく混ぜる。

9 冷蔵庫で1時間ほど冷やしかためる。スプーンでかきとり、あみにのせる。

豆ちしき いろいろ

ゼラチンとかんてんの話

ゼラチンとかんてんは、
どちらも液体をプルプルにかためるためによく使われる。
同じところ、ちがうところを考えてみよう。

1 何でできてるの？

ゼラチン
動物性

かんてん
植物性

牛やブタの皮やホネからつくられていて、板ゼラチンと粉ゼラチンの2種類ある。粉ゼラチンの方がとけやすくて使いやすいけれど、板ゼラチンの方がとうめいでなめらかなゼリーができるから、プロのパティシエによく使われるんだ。

テングサなどの海そうからつくられる。棒かんてんと糸かんてんと粉かんてんの3種類あって、粉かんてんが一番とけやすくて使いやすい。

2 冷蔵庫に入れないとかたまらない？

ゼラチン
冷蔵庫で冷やしかためる

かんてん
冷蔵庫に入れなくてもかたまる

10〜15℃以下でかたまるので、こごえるほど寒くないかぎり、室温ではかたまらない。冷蔵庫でかためよう。

冷蔵庫に入れなくても、室温でかたまるよ。

3 ゼラチンはとろり。かんてんはサクサク？

ゼラチン
とろりなめらか

プルプルとろりとした食感だ。ゼリーやグミ、ババロアなどのデザートによく使われるよ。

かんてん
サクサクつるり

歯ざわりが少しサクッとしていてつるんとした食感だ。あんみつに入っているサイコロ型のかんてんやところてん、こはくとう、水ようかんなどの和菓子によく使われるよ。

4 どんなフルーツでもかたまるの？

ゼラチン
たんぱく質がとける

キウイフルーツやパイナップル、イチジク、パパイヤなどには、たんぱく質をとかす働きがあるので、ゼリーがかたまらなくなってしまう。でも、フルーツを加熱すると、たんぱく質をとかす力はなくなる。だから、加熱したり、シロップづけのかんづめのフルーツを使ったりすれば、きちんとかたまるよ。

かんてん
酸に弱い

かんてんはレモン果汁などの「酸味」の強いものといっしょに加熱すると、かたまらなくなってしまう。レモン果汁などを入れたいときは、かんてんをしっかりとかして、少し冷ましてから加えよう。

5 ゼラチンやかんてんの仲間って？

ゼラチン
魚からつくるゼラチン

スーパーではあまり見かけないけれど、ゼラチンには牛やブタだけではなく、魚からつくられるものもあるよ。

かんてん
かんてんの仲間「アガー」

かんてんとは別の種類の海そうからつくられる。食感はなめらかで、かんてんよりもやわらかい。そして、ゼラチンを使うゼリーよりは、しっかりしているよ。かんてんのように冷蔵庫に入れなくても、室温でかたまるんだ。

仕組みを知ってくふうをすれば、無理だと思えることでも、解決できることがある！

2章

とかした
チョコレートで変身！

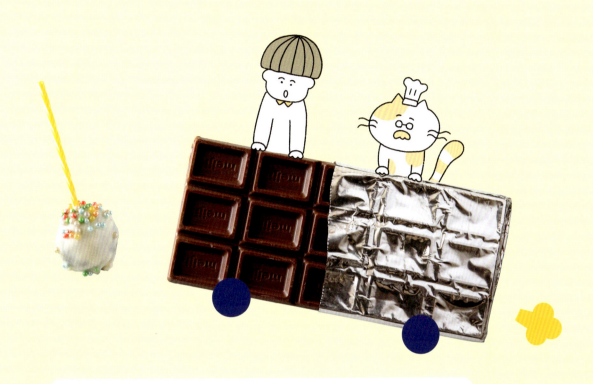

いつも食べているチョコレート。
とかしてから、マシュマロやクッキーに
かけたり、混ぜたりすれば、
特別なおやつがつくれるよ。
せいこうのコツは、
チョコレートをきれいにかためるための温度調整。
それを **テンパリング** というんだ。
まほうの言葉みたいだね。
テ・ン・パ・リ・ン・グ で、
おいしく変身！

ぼうしにそっくり！
チョコレート・マシュマロハット

クッキーとマシュマロとチョコレートで
ハット（ぼうし）をつくろう！
ぼうしのかざりは、お好みで。
どんなかざりつけをする？

● **材料（8こ分）**

板ミルクチョコレート
　（またはブラック）…50g
チョコレートがけクッキー…8枚
マシュマロ…8こ
かざり用のドライラズベリー、
　スプリンクルなど…好きな量

● **道具**

はかり、バット、ボウル（中、小2こ）、電気ポット、温度計、シリコンベラ、スプーン、フォーク2本、ふきん
▶電気ポットがないときは、やかんを使おう。

● **はじめにやること**
・材料をはかる。
・湯と氷を用意する。

・チョコレートがけクッキーは、チョコレートの面を上にして、バットにならべる。

豆ちしき

**とける温度とかたまる温度。
テンパリングの話**

チョコレートをきれいにかためるには、「テンパリング」という、温度調整が必要だ。温度計を用意しよう。
→くわしくは30〜31ページを見てね。

● つくり方 テンパリング

> おとなの人に手伝ってもらう。やけどに注意！

1. 板ミルクチョコレートを手で小さくわって、ボウル（中）に入れる。

2. ボウル（小）の1/3ぐらいまで、電気ポットの湯を入れる。温度計で温度をはかり、水を入れて50℃まで下げる。

3. ❷のボウルに❶のボウルをかさねる。このとき、チョコレートに湯や湯気が入らないように、注意する。

4. そのまましばらくおき、チョコレートがとけてきたら、シリコンベラでしずかに混ぜる。チョコレートがとけて、40℃になったら、湯からはずす。

5. 別のボウル（小）の1/3ぐらいまで、氷水を入れる。チョコレートのボウルをかさねて、しずかに混ぜながら、27℃まで下げる。

6. もういちど、湯のボウルに、チョコレートのボウルをかさねて、30℃になればできあがり。すぐに温度が上がるので、湯につけるのは数秒だけ。ボウルを湯からはずす。

チョコレートをかける

7. チョコレートのボウルに、マシュマロを1こずつ入れて、スプーンでチョコレートをかける。

8. マシュマロがたてになるように、フォーク2本を使ってとり（つきささない。フォークにのせる）、クッキーの中心におく。

9. かざり用のドライラズベリーやスプリンクルをのせる。すずしい場所でかためる。

グラノーラとマシュマロの
チョコレートバー

サクサクふわふわの食感がたのしい！
お弁当用の小さなおかずカップに入れたら、
包丁を使わずにできるよ。

少し大きな型を使えば
チョコレートバーはうすくなり、
少し小さな型ならあつくなるけれど、
同じようにつくれる。
できあがったら、
冷蔵庫で保存しよう。

● **材料**（11×14cmの弁当箱1こ分）

板ミルクチョコレート…150g

バター（食塩不使用）…30g

グラノーラ…80g

マシュマロ…15g

かざり用のグラノーラ…20g

▶バターは、冷蔵庫から出して、部屋におく。
▶グラノーラのかわりに、
　コーンフレーク45gでもつくれるよ。

● **道具**

はかり、弁当箱（11×14cm）、オーブンペーパー、ボウル（大、中）、電気ポット、温度計、シリコンベラ、ふきん、スプーン2本、まな板、包丁

▶弁当箱がないときは、同じような大きさの角型も使えるよ。
▶電気ポットがないときは、やかんを使おう。

● **はじめにやること**

・材料をはかる。
・湯を用意する。

・弁当箱にオーブンペーパーをしく。角に切りこみを入れると、しきやすくなる。

●つくり方

チョコレートをとかす

> おとなの人に手伝ってもらう。やけどに注意！

1 板ミルクチョコレートを手で小さくわって、ボウル（大）に入れる。

2 ボウル（中）の1/3ぐらいまで、電気ポットの湯を入れる。温度計で温度をはかり、水を入れて50℃まで下げる。

3 ❷のボウルに❶のボウルをかさねる。このとき、チョコレートに湯や湯気が入らないように、注意する。

チョコレート生地をつくる

4 そのまましばらくおき、チョコレートがとけてきたら、シリコンベラでしずかに混ぜる。完全にチョコレートがとけたら、バターを入れて、しずかに混ぜる。

5 バターがとけたら、チョコレートのボウルを湯からはずし、ふきんで底をふく。

6 グラノーラを入れて混ぜたら、マシュマロを入れて混ぜる。

冷やしかためる

> かたすぎて切れないときは、冬は30分ほど、夏は10分ほど、部屋においてから切ろう。

7 オーブンペーパーをしいた弁当箱に入れて、スプーンの背でたいらにする。

8 かざり用のグラノーラを全体にちらし、❼とは別のスプーンで軽くおさえる。冷蔵庫で1時間ほど冷やしかためる。

切る

> おとなの人に手伝ってもらう。けがに注意！

9 オーブンペーパーごと弁当箱から出し、まな板にのせて、包丁で食べやすい大きさに切る。

包丁は、使いおえたらすぐにあらって、安全な場所にかたづけよう

27

パーティにぴったり！ ココアクッキーポップ

アメリカの棒つきキャンディ「ロリポップ」に似ているから、この名前でよばれるんだ。

ココアクッキーをくだいて、**丸めて**、**棒にさし**、チョコレートをかけたら、トッピングできれいにかざろう！

● **材料**（6本分）

クリームサンドココアクッキー…60g

クリームチーズ…35g

板ホワイトチョコレート（またはミルク）…50g

かざり用のスプリンクル…好きな量

● **道具**

はかり、バット2枚、ラップ、オーブンペーパー、ポリ袋、ボウル（中2こ、小2こ）、シリコンベラ、スティック6本、電気ポット、温度計、フォーク、スプーン、ふきん

▶電気ポットがないときは、やかんを使おう。

● **はじめにやること**

・材料をはかる。　　・湯と氷を用意する。

・1枚のバットにラップをしき、もう1枚のバットにはオーブンペーパーをしく。

豆ちしき

黒いチョコレートと白いチョコレートの話

「カカオマス」が入っていれば、黒いチョコレート。入っていなければ、白いチョコレートなんだ。→くわしくは30〜31ページを見てね。

・クリームサンドココアクッキーは、ポリ袋に入れて、指でくだく。

● つくり方　中身をつくる　｜　冷やす　｜　テンパリング

❶ ボウル（中）にクリームチーズを入れて、シリコンベラでねってなめらかにする。くだいたクッキーを入れて、混ぜる。

❷ 6等分にして、手で丸める。スティックをさす。ラップをしいたバットにならべて、ラップをかけて、冷蔵庫で冷やす。

❸ 板ホワイトチョコレートを手で小さくわって、別のボウル（中）に入れる。

おとなの人に手伝ってもらう。やけどに注意！

❹ ボウル（小）の1/3ぐらいまで、電気ポットの湯を入れる。温度計で温度をはかり、水を入れて50℃まで下げる。

❺ ❹のボウルに❸のボウルをかさねる。このとき、チョコレートに湯や湯気が入らないように、注意する。

❻ チョコレートがとけてきたら、シリコンベラでしずかに混ぜる。チョコレートがとけて、40℃になったら、湯からはずす。

チョコレートをかける

❼ 別のボウル（小）の1/3ぐらいまで、氷水を入れる。チョコレートのボウルをかさねて、しずかに混ぜながら、25℃（ミルクは27℃）まで下げる。

❽ もういちど、湯のボウルに、チョコレートのボウルをかさねて、28℃（ミルクは30℃）になればできあがり。すぐに温度が上がるので、湯につけるのは数秒だけ。ボウルを湯からはずす。

❾ ❷をフォークにのせ、スプーンでかける。オーブンペーパーをしいたバットにのせて、スプリンクルをつける。すずしい場所でかためる。

29

豆ちしき いろいろ

チョコレートの話

チョコレートは「カカオ」という
植物の実のなかにある「カカオ豆」が原料だ。
いつも食べているけれど、意外と知らないチョコレートのこと。
どこからやってきたの？　どうやってつくられているの？

1 チョコレートの歴史

　カカオは中南米で4000年くらい前にさいばいがはじまった。カカオはお金や薬として、さらにぎ式などにも使われ、大切にされていたんだ。

● のみものから食べるチョコレートへ

　最初はトウガラシなどのスパイスを加えたのみものだったんだよ。それがスペインに伝わり、あまいのみものになった。

　1828年にオランダ人のヴァン・ホーテンがココアパウダーを発明して、のむチョコレートはグンとおいしくなった。
　食べるチョコレートは、イギリスのジョセル・フライが1847年に発明したんだよ。

のむチョコレートは、江戸時代には、日本に伝わっていたことがわかっているよ。

2 チョコレートができるまで

1 カカオ豆を香ばしくローストする。

2 カカオ豆からとり出した「はい乳」＝「カカオニブ」をすりつぶして、「カカオマス」というペーストにする。

3 カカオマスにココアバター（カカオ豆のしぼう分）やさとう、牛乳などを加え、なめらかにすりつぶしてからねりあげる。

4 「テンパリング」という温度調整をする。

5 型に流して冷やしかためたら、できあがり！

3 テンパリングって何？

ココアバターを安定した結しょうにするための温度調整のことだ。

チョコレートをきちんとかためたり、つややかにしたり、口どけよくしたりするのに欠かせないんだ。

4 ココアって何？

カカオマスからココアバター（カカオ豆のしぼう分）の一部をとりのぞくと、固形分「カカオケーキ」になる。これを粉にしたものがココアパウダーだよ。

お菓子づくりに使うココアは、「ピュアココア」や「純ココア」とよばれる。さとうは入っていないよ。

5 ブルーミングって何？

チョコレートの表面が、白くなっているのを、見たことはあるかな？ 暑い場所におかれたチョコレートがとけて、またかたまると、白くなってしまうんだ。これを「ブルーミング」とよぶ。こうなっても食べられるけれど、食感も味もおちてしまう。チョコレートは、すずしいところにおこう！

6 チョコレートの色のちがい

チョコレートには黒いチョコレートと白いチョコレートがある。なぜ色がちがうんだろう？

● 黒いチョコレート

カカオマスが入っていると黒いチョコレートになる。

黒いチョコレートのうち、乳製品が入らない「スイートチョコレート」や「ビターチョコレート」は、苦みが強い。

乳製品が入る「ミルクチョコレート」はあまくてまろやかだ。

● 白いチョコレート

カカオマスが入らないと白いチョコレートになる。黒いチョコレートとは、香りもちがうよ。

黒いチョコレートと、白いチョコレートを用意して、手で割った感じ、においや味、口のなかでのとけ方などを比べてみよう。

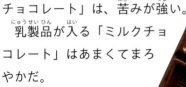

3章

主役はフルーツ

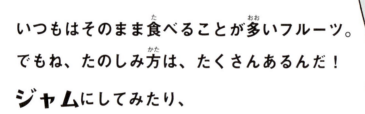

いつもはそのまま食べることが多いフルーツ。
でもね、たのしみ方は、たくさんあるんだ！
ジャムにしてみたり、
パフェや**ケーキ**をつくってみたり。
お店でよく見る
フルーツサンドイッチもできちゃうよ。
失敗しにくいフルーツが主役の
メニューを考えたから、
ぜんぶひとりでつくっちゃおう！

電子レンジでつくる ブルーベリージャム

火を使わずに、ジャムがつくれる！
冷凍のフルーツがあれば、
いつでもできるよ。
ヨーグルトにのせるのがおすすめだ。

いたみやすいから、冷蔵庫で保存し、5日以内に食べよう。ジャムをとりわけるときは、せいけつな乾いたスプーンを使ってね。

豆ちしき

ジャムの話
ジャムは、食べものをくさりにくくする、さとうの力を利用した「保存食」だよ。

● **材料**（つくりやすい分量）

冷凍のブルーベリー…100g

グラニューとう…35g

レモン果汁…大さじ1

● **はじめにやること**
・材料をはかる。

● **道具**

はかり、計量スプーン、深さのある耐熱ボウル（大）、スプーン、電子レンジ、鍋つかみ、シリコンベラ、ジャムを入れるうつわ、ラップ、ふきん

▶ 耐熱ボウルは、かならず電子レンジ対応のものを使うこと。金属製は、電子レンジでは使えないよ。

▶ 耐熱ボウルは、深さのあるものを使うこと。小さいものや浅いものだと、吹きこぼれたり、やけどをしたりすることもあり、きけん！

● **つくり方**　材料を混ぜる

1 深さのある耐熱ボウルに、すべての材料を入れて、スプーンで混ぜる。

鍋つかみをつけて、とり出す。やけどに注意！

2 ラップをしないで、600Wの電子レンジで3分ほど加熱する。スプーンであわをとり、全体を混ぜる。

鍋つかみをつけて、とり出す。やけどに注意！

3 また600Wで1分30秒ほど加熱し、シリコンベラで全体を混ぜる。さらに30秒ほど、3～4回加熱する。シロップのようになったら、加熱をやめる。

4 温かいうちは、ソースにちかく、とろみは少しだけ。

5 冷めてきたら、とろみが出る。加熱のしすぎに注意する。

6 あら熱がとれたら、スプーンでうつわにうつす。ラップをかけて、冷蔵庫で保存する。

フルーツたっぷり ヨーグルトパフェ

フルーツとヨーグルトをたっぷり使う、
アメリカ流のパフェだ。
ヨーグルトは水切りをして、
ジャムを混ぜる。
コーンフレークや
アイスクリームものるから、
ワクワク！

冷凍のフルーツでも
つくれるよ。
モモ、マンゴー、
ブルーベリー、バナナなど、
好きなフルーツでオッケー。
冷凍のまま、つかってね。

豆ちしき

ヨーグルトの話
牛乳などに「乳酸きん」や「こうぼ」
を入れて、「はっこう」させたものだ。
さわやかな酸味があるよ。

●材料（パフェグラス1こ分）

【好みのフルーツ】
ブルーベリー、ラズベリー、
　イチゴなどのうち2種類…計100g
　（1種類50gずつ）
水切りヨーグルト…50g
　（プレーンヨーグルト100gを水切りした量）
ブルーベリージャム（34ページ）…10g
チョコレート味のコーンフレーク…10g
バニラアイスクリーム…1スクープ

●道具
はかり、ボウル（大、中）、ザル、キッチンペーパー、シリコンベラ、アイスクリームディッシャー（なければ、スプーン）、ふきん

●はじめにやること
・前日の夜から、ヨーグルトの水気を切っておく。
・材料をはかる。

●水切りヨーグルトのつくり方
ザルにじょうぶなキッチンペーパーをのせる。そこにプレーンヨーグルト100gを入れて、ボウル（中）の上におく。冷蔵庫に入れて、ひとばん、水気を切る。

●つくり方

フルーツをあらう

1

ブルーベリーはサッとあらって、ザルにあげて、キッチンペーパーで水気をふく。

ヨーグルトとジャムを混ぜる

2

ボウル（大）に水切りヨーグルト、ブルーベリージャムを入れて、シリコンベラでよく混ぜる。

パフェを組み立てる

3

パフェグラスにブルーベリー、ラズベリーを入れる。

4

❷をのせる。

5

チョコレート味のコーンフレーク、❷を順にのせる。

6

ブルーベリー、ラズベリーをのせて、最後にバニラアイスクリームものせる。コーンフレークが湿気ないうちに食べる。

37

つまらないデザート!?
トライフル

いたみやすいから、冷蔵庫で保存し、その日のうちに食べよう。

「トライフル」は英語で「つまらないもの」という意味だけれど、残りものでつくれる、すてきなデザートだよ。残ったフルーツやケーキの、切れはしを使えば、手軽にできる。

● 材料（直径12×高さ12cmのガラスのうつわ1こ分）

カスタードクリーム（74ページ）…1レシピ分
生クリーム（乳しぼう分35％ほど）…100ml
グラニューとう…小さじ1
カステラ…5切れ
ラズベリー…40粒
ブルーベリー…150g

▶ フルーツは、好きなものでつくれるよ。

● 道具

はかり、計量カップ、計量スプーン、アルミはく、ラップ、まな板、食卓ナイフ、キッチンペーパー、ザル、ボウル（大、中）、泡立て器、シリコンベラ、ふきん

● はじめにやること

・材料をはかる。
・冷凍庫に氷を用意する。

● つくり方

カスタードクリームの形をつくる

1 うつわの直径と同じ大きさに、アルミはくで形をつくる。

2 1の上にラップをしいて、そのなかにカスタードクリームを入れて、ラップをはりつける。

カステラを切る

3 カステラはうらの紙をはがす。まな板にのせて、食卓ナイフでサイコロ型に切る。

フルーツをあらう

4 ラズベリーはぬらしたキッチンペーパーで、やさしくよごれをふきとる。ブルーベリーはサッとあらって、ザルにあげて、キッチンペーパーで水気をふく。

生クリームを泡立てる

5 ボウル（中）に生クリーム、グラニューとうを入れる。ボウル（大）に氷水を1/3の高さまで入れ、ボウル（中）をのせて、ゆるくおじぎするまで泡立て器で泡立てる。

組み立てる

6 うつわに、カステラの茶色い面と白い面がこうごになるように、ならべる。

7 その上に、ラズベリーの1/2量をのせる。2のカスタードクリームのラップの片面をはがして、ラズベリーにのせて、しずかにもう片面のラップをはがす。

8 5の生クリームの1/3量をシリコンベラでのせて、広げる。

9 残りのラズベリー、ブルーベリーをならべて、5の残りの生クリームをのせて、広げる。

豆ちしき いろいろ
よく見る「あのデザート」の話

ファーストフード店や
ファミリーレストランでよく見るあのデザート。
どんなお菓子なのか知っているかな？

1 日本の甘味

●「みつ豆」と「あんみつ」

「みつ豆」のみつは、あまいシロップのこと。黒ざとうでつくる「黒みつ」と白いさとうでつくる「白みつ」がある。

豆はゆでたエンドウ豆のこと。

もともとは豆と米粉のもちにみつをかけたものだった。今はサイコロ型のかんてんやフルーツなども入るよ。

「あんみつ」はみつ豆にあんこをのせたものだ。

アイスクリームやソフトクリーム、生クリームをのせると「クリームあんみつ」や「クリームみつ豆」になるよ。

● わらびもち

本来は「わらび」という植物の根からとる「わらび粉」からつくられる。わらび粉はつくるのが大変で手に入りにくいので、サツマイモやタピオカのでんぷんが使われることが多いよ。

どれもさとうと水を加えて火にかけ、ねりあげる。

みつやきな粉をかけることが多いけど、和菓子店ではあんを包んできな粉をかけて、仕上げることもあるよ。

チャンスがあれば、わらびの根でつくる本わらび粉のわらびもちを食べて、風味や食感のちがいをたしかめてみよう。

2 外国のデザート

● サンデー

　アメリカ生まれのデザートだ。アイスクリームにチョコレートやフルーツのソースをかけて、フルーツなどをトッピングしたものだよ。
　「日曜日=Sunday（サンデー）」に食べていたのでこうよばれる。日曜日はキリスト教では休息と教会での集会の日とされる。そんな大切な日をデザートの名前に使うのはよくないということで、デザートのサンデーのつづりは、yをeにかえて「Sundae（サンデー）」にしたと言われているんだ。

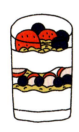

● パフェ

　フランス語では「完ぺき」という意味のある「parfait（パルフェ）」と言って、卵黄に高温のシロップを加えて混ぜ、ホイップクリームやアルコールなどを加えて凍らせたものだ。
　アメリカの「パフェ」は、ヨーグルトやアイスクリーム、フルーツを層にかさねたもの。日本のパフェはアメリカのものに近いよね。デザートとしてたのしむだけでなく、シリアルもかさねて、朝食や軽食として食べることもあるんだ。

● トライフル

　イギリスの伝統的なデザートだ。ケーキ生地やジャムやフルーツ、カスタードクリームや生クリームをかさねたものだ。
　英語の「trifle（トライフル）」という言葉には、「たいしたことがないもの」という意味がある。一説では、残ったケーキ生地などでかんたんにつくれるからこうよばれると言われているよ。
　ガラスのうつわでつくって、きれいな層をたのしもう。

● ニューヨークチーズケーキ

　アメリカの東海岸の「ニューヨーク」という都市で生まれた、チーズケーキのこと。同じくアメリカ生まれのクリームチーズがたっぷり使われていて、コクがあるんだ。
　時間をかけてじっくり焼いて、さらに、その後しっかり冷やすことで、とろけるようになめらかな口当たりになる。
　アメリカでは、コーヒーとたのしむことが多いけれど、牛乳にもよくあうよ。

ココアクッキーとブルーベリーのチーズケーキ

焼かないチーズケーキだよ。くだいたココアクッキーをしいて、クリームチーズに水切りヨーグルトとジャムを混ぜて、のせるだけ。ブルーベリーをたっぷりもりつけよう!

つくり方5のあと、ボウルやスプーンをあらっておこう。あらった道具は、また使うよ。

ホエーって何?
ヨーグルトの水を切ると、下にたまる水分が「ホエー」だ。えいようがあるから、すてずにのもう!酸っぱいから、さとうを混ぜてね。

豆ちしき

● **材料**(プラスチックのフードパック(Sサイズ)4こ分)
ココア味のクッキー…30g
バター(食塩不使用)…15g
クリームチーズ…125g
グラニューとう…15g
ブルーベリージャム(34ページ)…30g
水切りヨーグルト(37ページ)…30g
　(プレーンヨーグルト60gを水切りした量)
ブルーベリー…60粒ほど
かざり用のココア味のクッキー…4枚

● **道具**
はかり、ポリ袋、めんぼう、ボウル(中、小)、電気ポット、ふきん、シリコンベラ、スプーン、プラスチックのフードパック(Sサイズ)4こ、ラップ、ザル、キッチンペーパー
▶電気ポットがないときは、やかんを使おう。

● **はじめにやること**
・前日の夜から、ヨーグルトの水気を切っておく(つくり方は37ページ)。
・材料をはかる。
・湯を用意する。

● つくり方　底の生地をつくる

おとなの人に手伝ってもらう。やけどに注意！

❶ ココア味のクッキーは、ポリ袋に入れて、めんぼうでくだいて、こなごなにする。けがに注意！

❷ ボウル（中）の1/3ぐらいまで電気ポットの湯を入れる。バターを入れたボウル（小）をかさねる。

❸ バターがとけたら、ボウルを湯からはずし、ふきんで底をふく。

❹ ❶を入れて、シリコンベラで混ぜる。

冷やす

❺ 4等分にして、スプーンでフードパックに入れる。ラップをしいて上からおし、しっかり底にしく。冷蔵庫で冷やす。

中身をつくる

❻ ボウル（中）にクリームチーズを入れて、シリコンベラでやわらかくなるまでねる。グラニューとうを入れて、なめらかになるまで混ぜる。

❼ 水切りヨーグルトを2回にわけて入れて、そのたびによく混ぜる。

❽ ブルーベリージャムを入れて、混ぜる。

❾ ❺の上に❽をスプーンでのせて、広げる。

道具をかたづけよう

冷やす

冷蔵庫で数時間冷やす。

❿ 食べるとき、あらったブルーベリー、ココア味のクッキーをかざる。

食べたら、うつわをかたづけよう

お店みたいな
フルーツサンドイッチ

●材料（ミニ三角サンドイッチ12こ分）
食パン（8枚切り）…6枚
生クリーム（乳しぼう分40％以上）…200ml
グラニューとう…20g
【好みのフルーツ】
フルーツミックスかんのフルーツ…120g、
　マスカット（種なし）…10粒、
　イチゴ（小さめ、またはラズベリー）…10粒

たいかく線にそってフルーツをのせ、そこを切ったら、切り口がすごくかわいいフルーツサンドになる！

●道具
はかり、計量カップ、キッチンペーパー、まな板、食卓ナイフ、ザル、ボウル（大、中）、泡立て器、シリコンベラ、ラップ、パン切り包丁（なければ、包丁）、ふきん

●はじめにやること
・材料をはかる。
・冷凍庫に氷を用意する。

> パン切り包丁って何？
> 刃が波の形になっていて、やわらかいパンでもつぶれずに、きれいに切ることができる包丁だよ。

豆ちしき

● つくり方　　フルーツのじゅんび

1 フルーツミックスかんは、フルーツとかん汁にわける。フルーツは、キッチンペーパーで汁気をとる。まな板にのせて、食卓ナイフで3cmの長さに切る。

2 マスカットはサッとあらって、ザルにあげて、キッチンペーパーで水気をふく。イチゴはあらってへたをとり、キッチンペーパーで水気をふく。

生クリームを泡立てる

3 ボウル（中）に生クリーム、グラニューとうを入れる。ボウル（大）に氷水を1/3の高さまで入れ、ボウル（中）をのせて、角が立つまで泡立て器で泡立てる。

組み立てる

4 すべての食パンの片面に、シリコンベラで3の生クリームをぬる。まんなかは多めに、まわりは少なめにぬる。

5 4の1枚に、たいかく線で切ることをイメージしながら、2のマスカットをのせる。

6 4の1枚に、たいかく線で切ることをイメージしながら、1のフルーツをのせる。4のもう1枚にも、イチゴなど、好きなフルーツを同じようにのせる。

7 4の残りの3枚の、生クリームをぬった面を内側にして、5と6にのせる。

冷やす

8 それぞれラップでしっかり包んで、冷蔵庫で1〜2時間冷やす。

切る

おとなの人に手伝ってもらう。けがに注意！

9 ラップのまま、まな板にのせて、パン切り包丁でたいかく線で切る。

包丁は、使いおえたらすぐにあらって、安全な場所にかたづけよう

かんたん アイスクリーム

材料を混ぜて凍らせるだけで、
アイスクリームがつくれるなんて、夢みたい！
あずきの和風アイスに、
ミルキーな**フルーツアイス**。
それから、クッキーとフルーツをはさんだ
ごうかな**アイスクリームケーキ**まで！
つくりおわったら、すぐに食べたくなるけれど……。
冷凍庫で凍らせている間は、じっとがまん。
待っていたぶん、食べるときは、
ヒエヒエのアイスが、とってもおいしくかんじるよ。

混ぜて凍らせる！ あずきアイス

まるで和菓子みたい！
大豆からつくる「豆乳」と米からつくる「甘酒」に、
ゆであずきを混ぜて、凍らせたら完成！

容器から
とり出しにくいときは、
あたたかいふきんで
まわりを包んでから、
やってみよう。

豆ちしき

豆があまいって、ありえない？
日本では、あんこのように、豆をあまくにるのは、当たり前だよね。でも、豆を料理にしか使わない国も、たくさんあるんだ。

● **材料**（80ml容量のアイスバー3こ分）

ゆであずきかん…80g
甘酒…80g
豆乳…80ml

● **道具**

はかり、計量カップ（あれば300ml以上はかれるもの。つぎ口つき）、シリコンベラ、アイスバーの容器、木の棒3本、ふきん

▶ ボウル、おたま…計量カップが小さいとき、つぎ口がないとき、かわりに使う。
▶ アイスバーの容器がないときは、製氷皿を使おう。

● **はじめにやること**

・材料をはかる。

● **つくり方**　材料を混ぜる　凍らせる

1 豆乳をはかった計量カップに、ゆであずきと甘酒を入れて、シリコンベラでよく混ぜる。

2 水でぬらしたアイスバーの容器に、❶をそそぎ入れる。

3 ふたをして木の棒をさす。

冷凍庫で半日ほど凍らせる。容器からとり出す。

ゆであずき

さとうであまさがつけられていて、とろりとやわらかいものを使う。

甘酒

米こうじだけでつくった、アルコールの入っていないものを使う。

冷凍のフルーツを入れると、はやく凍るよ。

コンデンスミルクのフルーツアイス

フルーツたっぷりで、とってもすずしげ。
冷凍のフルーツを製氷皿に入れて、
コンデンスミルクを混ぜた牛乳を
そそいで、凍らせよう！

● 材料（400ml容量のシリコン製の製氷皿。15こにくぎってあるものを使用）
牛乳…170ml
コンデンスミルク…70g
【冷凍のフルーツ】
（ブドウ、マンゴー、ブルーベリー、ラズベリー、モモなど／小さく切ってあるもの）…200g

● 道具
はかり、計量カップ（あれば300ml以上はかれるもの。つぎ口つき）、シリコン製の製氷皿、スプーン、シリコンベラ、ふきん
▶ ボウル、おたま…計量カップが小さいとき、つぎ口がないとき、かわりに使う。
▶ おうちにある製氷皿でつくるときは、液体やフルーツの量を調整してね。

● はじめにやること
・材料をはかる。

●つくり方 フルーツを入れる　材料を混ぜる　凍らせる

1. 水でぬらした製氷皿に、スプーンで冷凍のフルーツを入れる。

2. 牛乳をはかった計量カップに、コンデンスミルクを入れて、シリコンベラでよく混ぜる。

3. ❶にそそぎ入れる。
冷凍庫で数時間から半日凍らせる。型からとり出す。

豆ちしき　コンデンスミルクって、何？
牛乳にさとうを加えて、につめるなどして、とろりとさせたものだよ。

アイスクリームクッキーケーキ

ココアクッキーとブルーベリー、泡立てた生クリームでつくるんだ。
切ると、まるでケーキみたいなアイスだよ！
切るときは、おとなの人に手伝ってもらおう。

いたみやすいから、冷凍庫で保存し、数日のうちに食べよう。

● 材料（アルミ製パウンドケーキ型 Mサイズ19×10.8×高さ3.5cm1こ分）

生クリーム（乳しぼう分35％ほど）…200ml
コンデンスミルク…60g
レモン果汁…小さじ1
冷凍のブルーベリー…150g
ココア味のクッキー…9枚

● 道具

はかり、計量カップ、計量スプーン、アルミ製パウンドケーキ型、ラップ、ボウル（大、中）、泡立て器、おたま、シリコンベラ、スプーン、まな板、包丁、ふきん

● はじめにやること

・材料をはかる。
・冷凍庫に氷を用意する。
・型にラップをしく。

豆ちしき
生クリームを泡立てるとき、氷水をあてるのは、なぜ？
温度が高いと、生クリームのあぶら「乳しぼう」がやわらかくなって、泡立たないからだよ。

52

●つくり方

生クリームを泡立てる

1 ボウル（中）に生クリームを入れる。ボウル（大）に氷水を1/3の高さまで入れ、ボウル（中）をのせて、ゆるくおじぎするまで泡立て器で泡立てる。

2 コンデンスミルク、レモン果汁を入れて、角が立つまで泡立てる。

ケーキを組み立てる

3 ラップをしいた型に、❷をおたま2杯分入れる。

4 その上に、クッキーの1/2量をしきつめる。

5 クッキーがかくれるまで、❷をシリコンベラでぬる。冷凍のブルーベリーをスプーンでのせる。

6 冷凍のブルーベリーがかくれるまで❷をぬり、またクッキー、❷、冷凍のブルーベリーを順にのせる。

7 最後に残った❷をのせて、シリコンベラでたいらにならす。

凍らせる

8 ラップをはりつける。

冷凍庫で半日ほど凍らせる。

切る

おとなの人に手伝ってもらう。けがに注意！

9 ラップごと型から出し、まな板にのせて、包丁で2cmの厚さに切る。うつわに盛り、すぐに食べる。

> 包丁は、使いおえたらすぐにあらって、安全な場所にかたづけよう

豆ちしき いろいろ

アイスクリームの話

アイスクリームにソフトクリーム、ジェラートにシャーベット。
みんな同じもの？　ちがうもの？

1 アイス

お店で売られているアイスには、種類があるって知ってるかな？　乳固形分（乳製品の水分をのぞいたもの）と乳しぼう分によって、種類が決まるんだ。

アイスを買うときに表示を見てみよう。

● アイスクリーム
乳固形分15.0%以上
＊うち乳しぼう分8.0%以上

● アイスミルク
乳固形分10.0%以上
＊うち乳しぼう分3.0%以上

● ラクトアイス
乳固形分3.0%以上

● 氷菓
乳固形分3.0%未満

氷菓には
かき氷のような、
さっぱりしたものが
多いよ。

だれかに似ているにゃ……

54

2 ほかにも、いろいろ

● ソフトクリーム

専用の機械でアイスクリームよりも高い温度でやわらかく凍らせる。機械でしぼり出すことが多い。

温度が低すぎると味を感じにくいけれど、アイスクリームよりも少し温度が高いソフトクリームは、風味をより感じやすいんだ。

● ジェラート

イタリアのアイスのことだ。日本では「アイスミルク」に分類されるよ。空気をあまりだきこんでいないので、ねっとりしているんだ。

● シャーベット

果汁にあまみを加えて凍らせたものだ。さっぱりしたさわやかな味だよ。乳製品が少し入ることもある。

● アイスキャンディー

材料を型に流し入れて、棒をさして凍らせたものだ。ジュースを凍らせるだけでも、おいしいよ。英語では「アイスポップ（ice pop）」とよばれるんだ。

● かき氷

漢字で「欠き氷」とも書くよ。「欠く」には「割る」とか「けずる」という意味がある。氷をかち割ったり、けずったりしてつくるから、こうよばれるんだ。日本だけではなく、世界中にいろいろなかき氷があるよ。

● フローズンヨーグルト

アメリカから伝わってきたもので、ヨーグルトを使ってつくる。「フローズン（frozen）」は、英語で「凍った」という意味。アイスクリームよりも乳しぼう分が低く、さっぱりしていて、ヨーグルト特有のさわやかな酸味がある。フルーツを混ぜたものなど、いろいろな味があるよ。

● アイスクリームコーン

「コーン（cone）」は英語で、「円すい状のもの」という意味。アイスクリームを手で持って食べられるように、考えられたものだよ。円すい形のワッフルやウェハースなどでできている「食べられるうつわ」だ。

コーンの形だね！

5章 のみもの実験室

のみものって、ふしぎなんだ！

さとうが多いカルピスやかき氷シロップは、

コップの底にしずむから、

さとうが少ないものと合わせると、

くっきりとした層になってわかれる。

それから、炭酸水の **シュワシュワ** は、

水のなかの炭酸ガスが空気中に出ていくから。

まるで、のみものの実験室だ！

たのしく実験したあとは、

おいしくのめるから、うれしいね。

とろーりさわやか
レモンラッシー

カレー店みたいなラッシーをつくろう！
ヨーグルトに牛乳、レモン果汁を混ぜると
さわやかなドリンクができるよ。
冷凍のマンゴー、ジャムを入れたら、
バリエーションもたのしめる！

マンゴーレモンラッシー　　レモンラッシー　　ブルーベリーレモンラッシー

ガムシロップのかわりに、
さとうやメープルシロップ、
ハチミツを使うこともできるよ。
ただし、ハチミツは、
1歳になっていないと、
食べられない。

● 材料（グラス1こ分）
プレーンヨーグルト…80g
牛乳…80ml
レモンジュース…大さじ1
ガムシロップ…大さじ1
氷…好きな量
好みでスライスレモン…1枚
▶ レモンジュースとガムシロップは、好きな量にかえてもつくれるよ。

● 道具
はかり、計量カップ、計量スプーン、グラス、長いスプーン（なければ、はし）、ふきん

● はじめにやること
・材料をはかる。
・冷凍庫に氷を用意する。

● つくり方　材料を混ぜる

グラスに氷以外の材料を入れて、長いスプーンでよくかき混ぜる。好みでスライスレモンに小さな切りこみを入れて、グラスのふちにひっかける。

バリエーション・1

マンゴーレモンラッシー
グラスに「冷凍のマンゴー40g」を入れて、❶ と同じようにつくる。

バリエーション・2

ブルーベリーレモンラッシー
ガムシロップは使わない。かわりに、グラスに「ブルーベリージャム（34ページ）山もり大さじ2」を入れて、❶ と同じようにつくる。

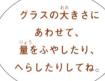
グラスの大きさにあわせて、量をふやしたり、へらしたりしてね。

最後に氷をしずかに入れたら、すぐにのもう！

豆ちしき

どうしてトロトロになるの？
牛乳の「たんぱく質」が、レモン果汁の「酸」によって、かたまってトロトロになるんだ。

59

セパレートは英語で「わかれる」という意味だ。
セパレートドリンクは、ジュースと紅茶の2層にわかれる「セパレートティー」というお茶のアレンジだよ。
かき氷シロップのかわりに、カルピス（うすめてのむタイプ）でもつくってみよう。

きれいな層ができる

まずは、きれいな層を、目で見てたのしんで。

- グレープフルーツジュース / ブルーハワイ
- オレンジジュース / イチゴ
- グレープジュース / レモン

●材料（300ml容量のグラス1こ分）
かき氷シロップ、またはカルピス…大さじ2（30ml）
ジュース（果汁100%）…1/3カップ（約65ml）
炭酸水…1/2カップ（100ml）
氷…グラス1こ分

▶かき氷シロップとカルピス、ジュースは、好きな味でつくれるよ。
▶ジュースは、かならず果汁100%で、果肉の入らないものを使ってね。さとうや果肉が入っていると、かき氷シロップと混ざってしまって、きれいな層ができないんだ。

●道具
計量カップ、計量スプーン、グラス、トング（なければ、スプーン）、ふきん

●はじめにやること
・材料をはかる。
・冷凍庫に氷を用意する。

豆ちしき
どうして層にわかれるの？
液体は、さとうが多いほど重い。だからあまいカルピスやかき氷シロップは、底にしずむんだ。

セパレートドリンク

のむときは、よくかき混ぜてね。

● つくり方　材料を混ぜる

1 グラスにかき氷シロップを入れて、かき氷シロップがはねないように、トングで氷をしずかに入れる。氷は、グラスのふちより少し下まで入れる。

2 液体どうしが混ざらないように、氷の上にそっとジュースをそそぐ。グラスをゆすらない。

3 液体どうしが混ざらないように、氷の上にそっと炭酸水をそそぐ。

丸ごとスイカのレモネードパンチ

●材料（小玉スイカ1こ分）
小玉スイカ…1こ
フルーツミックスかん…約215g入り1かん分
【好みで生のフルーツ】
アメリカンチェリーなら10個ぐらい、
イチゴなら8こぐらい、バナナなら1本
レモン果汁…小さじ2
サイダー、またはラムネ…好きな量
▶生のフルーツは、好きなものでつくれるよ。

●はじめにやること
・材料をはかる。
・サイダー、またはラムネは、よく冷やしておく。
・フルーツミックスかんは、フルーツとかん汁にわける。
　フルーツはバットに、かん汁はボウルに入れる。
・スイカはきれいにあらう。
・アメリカンチェリー、イチゴやバナナを使う場合。
　アメリカンチェリーとイチゴはあらってザルにあげ、
　イチゴは食卓ナイフでへたを切り、半分に切る。
　バナナは皮をむき、ひと口大に切る。

●道具
計量スプーン、まな板、包丁、油性ペン、フルーツデコレーター（なければ、包丁とスプーン）、バット、ボウル（小）、スプーン、人数分のグラスと食事用スプーン、ふきん

とってもごうか！
くりぬいたスイカのなかには、
フルーツがたくさん。
コップにもりつけたら、
好きな量のサイダーを入れてね！

いたみやすいから、かならずその日のうちに食べよう。

●つくり方　スイカを切る

1 スイカをまな板におき、ころがらないように、包丁で底をうすく切りおとす。

> おとなの人に手伝ってもらう。けがに注意！
> 包丁は、使いおえたらすぐにあらって、安全な場所にかたづけよう

2 油性ペンで、上から1/3ぐらいのところにしるしをつける。

3 フルーツデコレーターの三角の方を使い、ペンのしるしにそって、ぐるりと一周切りこみを入れる。

> おとなの人に手伝ってもらう。けがに注意！

スイカの実をくりぬく　　　汁を混ぜる

4 上1/3をはずす。

5 下2/3の実を、フルーツデコレーターの丸い方を使って丸くくりぬき、バットにのせる。底がぬけないように、くりぬくのは下から3/4の高さまでにする。

6 スイカのうつわのなかに、❺、フルーツミックス、好みで生のフルーツをつめる。かん汁にレモン果汁を入れて、スプーンで混ぜ、上からかける。

冷蔵庫で食べる直前まで冷やす。

> **サイダーは、なぜシュワシュワするの？**
> サイダーのなかの「炭酸ガス＝二酸化炭素」が、空気中に出ていくからだよ。

豆ちしき

●フルーツデコレーターがないときは、包丁とスプーンを使おう！

1 包丁を使い、油性ペンのしるしにそって、1/3ぐらいのところを、ぐるりと一周ギザギザに切りこみを入れる。

> おとなの人に手伝ってもらう。けがに注意！
> 包丁は、使いおえたらすぐにあらって、安全な場所にかたづけよう

2 上1/3をはずす。

3 下2/3の実を、スプーンですくいとる。

豆ちしき いろいろ のみものの話

ココアにジュース、ソーダ、サイダー、ラムネ、パンチ、レモネード。
何からつくられているんだろう？　どの国でも同じ名前でよぶのかな？

● ココア

ココアパウダーにさとうと水を加えて弱火にかけながらよくねり、牛乳を加えて温めると、あまくてコクのあるホットココアができる。よくねることで粉っぽさがなくなり、なめらかに仕上がるんだ。

● ジュース

「ジュース(juice)」は元々は英語で「汁」のこと。「フルーツジュース」は果物の汁「果汁」のことだ。だから、ジュースは本来は、果汁100%ののみもののことなんだよ。フルーツの味そのままでさわやかだ。

● パンチ

パンチは、お酒とさとう、スパイス、水、レモン果汁などを混ぜたものだ。子ども向けのフルーツパンチには、もちろんお酒は入らない。

かわりに大きなうつわにフルーツも入れて、たっぷりつくることが多い。はなやかでパーティにぴったりだ。

● レモネード

レモンの果汁にさとうやシロップであまみをつけて、水や湯を加えたもので、酸味がさわやか。冷たいものも温かいものも、どちらもおいしいよ。

● ソーダ

ソーダ（soda）は英語。あまくない炭酸水や、あまい炭酸飲料のことだよ。シュワシュワなのは、水のなかの炭酸ガス＝二酸化炭素が空気中に出ていくからだ。

● サイダー

日本ではあまい炭酸飲料のことだけど、ほかの国ではリンゴのお酒やしぼりたてのリンゴジュースをさす言葉なんだよ。

● ラムネ

　サイダーの仲間であまい炭酸飲料だ。名前はレモネードが変化したものだから、レモン風味なんだよ。ガラス玉が入ったビンに入っているのがとくちょうだ。

ラムネのビンを見たことはあるかな？

● ホットチョコレート

　見た目も味もココアに似ている。でも、材料がちがうよ。ココアはココアパウダーを使うけれど、ホットチョコレートはチョコレートを使う。牛乳にチョコレートをとかしてつくるんだ。ココアよりも、のうこうでコクがある。

● タピオカドリンク

　「キャッサバ」というイモ類からとれるでんぷんを、加工したまん丸の「タピオカパール」を入れたのみものだ。もちもちした食感がたのしい。台湾から伝わった、タピオカミルクティーが知られているね。

● コーラ

　アメリカの薬ざい師（薬の専門家）だった、ジョン・ペンバートン博士が発明した炭酸飲料だ。もともとは「コーラ」という植物の種を、原料に使っていたからこうよばれるよ。

● ラッシー

　インドなど南アジアの料理店でのめるよ。「ダヒ」とよばれるヨーグルトの仲間を使ってつくられる。さわやかであまくてとろりとしている。日本では、ヨーグルトをベースにして、好みのとろみになるように、牛乳を入れてつくろう。

● フロート

　アメリカ生まれのドリンクで、炭酸飲料やコーヒーなどののみものに、アイスクリームをうかべたもの。「フロート(float)」は英語で「うかぶ」という意味。メロンソーダもフロートの仲間だよ。

65

6章 おとなの人とつくろう!

とろとろプリン

と

カスタードクリーム

おとなも子どもも大好きな

プリンと**カスタード**。

おうちでつくるには、火にかけないといけない。

だから、子どもだけでなく、

おとなの人といっしょにつくってね。

火を使うときは

・火を使うときの道具・

小鍋

火にかけるときは、小さめの鍋を使うよ。

かならず、おとなの人といっしょにつくってね！

・注意点・

1 火を使うときは、かんきをする。

2 火のそばに、もえやすいものを絶対におかない。

3 体を近づけすぎると、火がつくから、注意する。

4 火を使うときは、絶対にそばをはなれない。

5 やけどには、十分注意する。

3つの火かげん

弱火
火が鍋の底に、少しだけあたるくらい。

中火
火が鍋の底に、ちょうどあたるくらい。

強火
火が鍋の底に、しっかりあたるくらい。

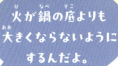

火が鍋の底よりも大きくならないようにするんだよ。

安全かくにん

- 火は消えている？
火は使いおわったら、すぐにかくじつに消そう。

かたくり粉でとろとろミルクプリン

牛乳にかたくり粉を入れて、
火にかけて混ぜると、あら、ふしぎ！
とろとろのプリンができるよ。
好きなジャムをのせて食べよう！

弱火にかけている間と、火をとめてから100回混ぜている間は、ダマができないように、手を休めず、鍋の角までしっかり混ぜてね。

● 材料（120ml容量のカップ3こ分）
かたくり粉…大さじ2（18g）
コンデンスミルク…大さじ3（60g）
牛乳…1＋1/3カップ（約265ml）
ラズベリージャム…大さじ2
▶ジャムは、好きなものでつくれるよ。

● 道具
計量カップ、計量スプーン、小鍋、木べら、カップ、おたま、ラップ、ふきん

● はじめにやること
・材料をはかる。

● つくり方　**プリン液をつくる**

おとなの人に手伝ってもらう。やけどに注意！

1 小鍋に、かたくり粉とコンデンスミルクを入れて、木べらでよく混ぜる。

2 なめらかになったら、牛乳を少しずつ入れる。

3 弱火にかけて、手を休めずに混ぜる。

冷やす

4 とろみがついたら、火から下ろして、手早く100回ほど混ぜる。

5 3等分にして、おたまでカップに入れる。

6 まくがはらないように、ラップをはりつける。あら熱をとる。

冷蔵庫でよく冷やす。ラズベリージャムをのせて、食べる。

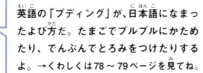

プリンって何？
英語の「プディング」が、日本語になまったよび方だ。たまごでプルプルにかためたり、でんぷんでとろみをつけたりするよ。→くわしくは78～79ページを見てね。

豆ちしき

71

まるで植木ばち!? チョコレートプリン

アメリカの「ダートプディング＝土のプリン」とよばれるデザートだよ。とろとろのチョコレートプリンやココアクッキーが、まるで土みたい。虫の形のグミをのせれば、植木ばちにそっくり!?

弱火にかけている間と、火をとめてから100回混ぜている間は、ダマができないように、手を休めず、鍋の角までしっかり混ぜてね。

●材料（120ml容量のカップ3こ分）
かたくり粉…大さじ2(18g)
ココアパウダー（無糖）…大さじ2(12g)
コンデンスミルク…大さじ3(60g)
牛乳…1＋1/3カップ（約265ml）
ココア味のクッキー…6枚
イモムシの形のグミ…3こ
▶あまさが足りなければ、コンデンスミルクを大さじ1ふやしてもいい。

●道具
計量カップ、計量スプーン、小鍋、木べら、カップ、おたま、ラップ、ポリ袋、スプーン、ふきん

●はじめにやること
・材料をはかる。

豆ちしき
温度とあまさのふしぎな関係
あまさは、あまみづけに使う「とう」の種類だけでなく、冷たいときと温かいときでも変化するんだ。

● つくり方 プリン液をつくる

おとなの人に手伝ってもらう。やけどに注意！

❶ 小鍋に、かたくり粉とココアパウダー、コンデンスミルクを入れて、木べらでよく混ぜる。

❷ なめらかになったら、牛乳を少しずつ入れる。

❸ 弱火にかけて、手を休めずに混ぜる。

冷やす

100回混ぜる

❹ とろみがついたら、火から下ろして、手早く100回ほど混ぜる。

❺ 3等分にして、おたまでカップに入れる。

❻ まくがはらないように、ラップをはりつける。あら熱をとる。

冷蔵庫でよく冷やす。

トッピングする

❼ ココア味のクッキーは、ポリ袋に入れて、指でくだく。

❽ よく冷えた❻に、スプーンで❼をのせる。

❾ イモムシの形のグミをのせて、食べる。

夢のカスタードクリーム

きほんのつくり方をマスターすれば、
いつでもたっぷりつくれるね！
そのまま食べてもいいし、
アイデアしだいで、いろんなたのしみ方もある！

いたみやすいから、冷蔵庫で保存し、その日のうちに食べよう。

● **材料**（つくりやすい分量）
たまごの黄身…Mサイズ1こ分
グラニューとう…20g
薄力粉…10g
バニラオイル…数てき
牛乳…100ml

● **道具**
はかり、計量カップ、小鍋、泡立て器、茶こし、耐熱ボウル（中）、電子レンジ、鍋つかみ、バット、シリコンベラ、ラップ、ほれいざい、ボウル（大）、ふきん

▶ 耐熱ボウルは、かならず電子レンジ対応のものを使うこと。金属製は、電子レンジでは使えないよ。

● **たまごを黄身と白身にわける**

① たまごのからをわる。

② からの片方を使って、黄身だけをすくいとるようにして、ボウルに白身をおとす。

● **はじめにやること**
・材料をはかる。

● **つくり方** 　材料を混ぜる

① 小鍋に、たまごの黄身を入れて、泡立て器でよく混ぜる。

② グラニューとうの1/2量を入れて、手早く混ぜる。すぐに混ぜないと、ダマができる。

③ 薄力粉を茶こしでふるい入れて、なめらかになるまで混ぜる。バニラオイルを入れる。

74

4
耐熱ボウルに牛乳と残りのグラニューとうを入れて、600Wの電子レンジで40秒ほど加熱する。

5
❸に❹を少しずつ入れて、混ぜる。

6
中火にかけて、手を休めずに混ぜる。

7
とろみがついたら、火から下ろして、全体を手早く混ぜる。

8
なめらかになったら、もう一度中火にかけて、ボコボコとわいてくるまで混ぜる。

9
バットに、シリコンベラを使って、広げる。

10
ラップをぴっちりとはりつける。

11
ほれいざいを、ラップの上とバットの下に当てて、冷やす。いたみやすいので、すぐに冷やす。

12
完全に冷めたら、ボウルに移して、シリコンベラでなめらかにほぐす。

カスタードクリーム、

カスタード・バナナドッグ
ロールパンに切れ目を入れて、カスタードとバナナをはさみ、シナモンパウダーをふる。

カスタードサンド
白い食パンに、カスタードをたっぷりはさむ。

ひとりじめ！

カスタードピザ

トルティーヤにカスタードをぬり、好きなチョコレートやジャムをのせてまく。

クルクルまいて、パクパク食べよう！

トルティーヤはふんわりとラップでつつんで、600Wの電子レンジで10秒ほど温めてから使うと、おいしいよ。

できたてアツアツ カスタードあんこ

カップに、できたてアツアツのカスタードとゆであずきを入れる。やけどに気をつけて、食べよう。

食べたら、わすれずに

食べたら、うつわをかたづけよう

豆ちしき いろいろ

でんぷんの話

カスタードクリームはとろりとなめらかで、わらびもちはもっちりとろり、ぷるんとしている。この食感には「でんぷん」が関係しているんだよ。

1 でんぷんって何？

3大栄養素【炭水化物、し質、たんぱく質】のひとつである炭水化物の代表だ。おもに米や小麦、トウモロコシなどのこくもつ、サツマイモやジャガイモなどのイモ類にふくまれている。

水を加えて加熱すると、とろみがつく。これを「こ化」とよぶ。

この「こ化」の性質を料理やお菓子づくりに利用しているんだ。

2 でんぷんを使う料理って？

でんぷんは、とろみをつけたいときや、プルプル、もちもちにかためたいときに大活やく。

落花生やゴマのとうふをかためるときには、くずという植物の根からとれるくず粉やサツマイモでんぷんなどが使われるよ。

あんかけご飯のあんは、水でといたかたくり粉でとろみをつけている。

ジャガイモやカボチャ、サツマイモなどの団子をつくるときにも、かたくり粉などのでんぷんを入れて、もちもちの食感に仕上げているんだ。

3 でんぷんを使うお菓子って？

70～73ページの「ミルクプリン」や「チョコレートプリン」のように、液体にかたくり粉などのでんぷんを混ぜてとろみをつければ、とろりとなめらかなプリンができるよ。

74～75ページの「カスタードクリーム」をつくるときは、薄力粉やコーンスターチなどで、もっちりとしたとろみをつける。

わらびもちには、わらびという植物の根からとれるわらび粉のほか、サツマイモでんぷんなども使われているよ。くずもちは、地域によりくず粉を使うものと、小麦でんぷんを使うものがある。

4 でんぷんの種類を知ろう

●【かたくり粉】と【ジャガイモでんぷん】

かたくり粉は、もともとはカタクリという植物の球根からとれるでんぷんだったから、こうよばれるんだ。でも、江戸時代の終わりに、でんぷんをとるためにたくさんのカタクリが使われて、カタクリがへってしまった。

それで明治時代からは、かわりにジャガイモが原料として使われるようになったんだよ。今でも「かたくり粉」という名前でも、ジャガイモでんぷんであることが多い。ジャガイモは「ばれいしょ」ともよばれるので、ばれいしょでんぷんとよぶこともあるんだ。

● 甘しょでんぷん

甘しょはサツマイモのこと。わらびもちのなかには、わらび粉ではなく、甘しょでんぷんを使うものが多い。

● コーンスターチ

「コーン=corn」は英語でトウモロコシ、「スターチ=starch」はでんぷん。トウモロコシのでんぷんのことだ。

アメリカではコーンスターチにさとうや牛乳を加えて混ぜながら加熱してとろみをつけたデザートは、「コーンスターチプディング」とよばれる。

この本では、コーンスターチの代わりに、かたくり粉を使うプリンのつくり方をのせているよ。

● タピオカでんぷん

「キャッサバ」というイモ類からとれるでんぷんだ。このでんぷんを加工した、丸くてすきとおった「タピオカパール」は、タピオカドリンクに入っているので知っている人もいるかな？ もちもちした食感がたのしいよ。

● 小麦でんぷん

小麦粉にふくまれるでんぷんのことだ。ふっとうする直前にこ化がもっとも強くなる。ボコボコッとわいてくるまで加熱すると、力がぬけるようにとろみがゆるむ。それでなめらかなカスタードクリームができるんだよ。

原 亜樹子（はら あきこ）

菓子文化研究家。アメリカの高校へ留学。東京外国語大学で食をテーマに文化人類学を学ぶ。特許庁勤務の後、転身。主にアメリカの菓子のレシピや食文化を紹介するほか、企業のレシピ開発やメディアへの情報提供を行う。和菓子への造詣も深く、和菓子取材歴18年以上。『シートケーキとレイヤーケーキ』（東京書籍）、『アメリカ菓子とミステリ』（原書房）、『アメリカ菓子図鑑』『アメリカンクッキー』（共に誠文堂新光社）、『アメリカ郷土菓子』（PARCO出版）ほか著書多数。

・日本菓子専門学校通信教育課程修了
・製菓衛生士
・ル・コルドンブルー菓子ディプロム（東京校）
・日本紅茶協会認定ティーインストラクター

【参考】
資料：
河田昌子著『お菓子「こつ」の科学』9版（柴田書店、1991）PP32-33, PP120-123, PP172-173, P191, P226, P228, P232
中山圭子著『事典 和菓子の世界 増補改訂版』（岩波書店、2018）P16, PP53-54, P151, P278
日本チョコレート・ココア協会（読み手）『チョコレートの大研究 おいしさのヒミツと歴史、お菓子づくり』(PHP研究所、2007) PP14-15, PP26-27, PP42-44,P46, P48
山本候充著『百菓辞典』（東京堂出版、1997）P78, P118, P227, P270
Darra Goldstein編『The Oxford Companion to Sugar and Sweets』（Oxford University Press,2015）P218, PP708-709, P741

Web：
「乳及び乳製品の成分規格等に関する命令（◆昭和26年12月27日厚生省令第52号）(mhlw.go.jp)」（厚生労働省）(https://www.mhlw.go.jp/web/t_doc?dataId=78333000&dataType=0&pageNo=1)
（参照2024-07-30）
「食品、添加物等の規格基準の一部改正について（施行通達）（◆昭和46年05月24日環食化第230号）(mhlw.go.jp)」（厚生労働省）(https://www.mhlw.go.jp/web/t_doc?dataId=00ta0547&dataType=1&pageNo=1)
（参照2024-07-30）
「いつごろかたくり粉の原料がジャガイモのデンプンに変わりましたか。：農林水産省 (maff.go.jp)」（農林水産省）(https://www.maff.go.jp/j/heya/kodomo_sodan/0207/03.html)
（参照2024-08-02）

子どもだけでつくれる
焼かないお菓子
とかす、混ぜる、冷やしてかためる・凍らせる、しあわせレシピ

2024年12月25日　第1刷発行

著　者　　原 亜樹子
発行者　　渡辺能理夫
発行所　　東京書籍株式会社
　　　　　〒114-8524　東京都北区堀船 2-17-1
電　話　　03-5390-7531（営業）
　　　　　03-5390-7508（編集）
印刷・製本　TOPPANクロレ株式会社

Copyright © 2024 by Akiko Hara
All Rights Reserved.
Printed in Japan
ISBN978-4-487-81818-1 C8077 NDC596
乱丁・落丁の際はお取り替えさせていただきます。
本書の内容を無断で転載することはかたくお断りいたします。

調理アシスタント／青木昌美

校閲／鷗来堂
ブックデザイン／川添 藍
カバー・本文イラスト／磯田裕子
撮影／広瀬貴子
スタイリング／竹内万貴
編集・構成／本村のり子
プリンティングディレクター／
栗原哲朗（TOPPANクロレ）